Constructions élevées au Champ de Mars

par

Mr Charles GARNIER

Architecte, Membre de l'Institut

pour servir à

L'HISTOIRE

DE

L'HABITATION HUMAINE

PARIS

LIBRAIRIE CENTRALE DES BEAUX ARTS

13. rue Lafayette

NEW-YORK

J.W. BOUTON, 1152. BROADWAY.

BRUXELLES

E. LYON CLAESEN, 8. RUE BERCKMANS

fol V
2891

HISTOIRE

DE

L'HABITATION

HUMAINE

EXPOSITION UNIVERSELLE DE 1889

CONSTRUCTIONS ÉLEVÉES AU CHAMP DE MARS

Par M. CH. GARNIER

ARCHITECTE. — MEMBRE DE L'INSTITUT

POUR SERVIR A

L'HISTOIRE

DE

L'HABITATION

HUMAINE

TEXTE EXPLICATIF ET DESCRIPTIF

PAR

M. FRANTZ JOURDAIN

PARIS

LIBRAIRIE CENTRALE DES BEAUX-ARTS

13, RUE LA FAYETTE

NEW-YORK   BRUXELLES

J. W. BOUTON, BROADWAY, 1152   LYON CLAESEN, 8, RUE BERCKMANS

TROISIÈME PARTIE

Civilisations contemporaines des civilisations primitives; peuples ayant vécu en dehors du mouvement général de l'humanité sur laquelle ils n'ont exercé aucune influence : CHINOIS. — JAPONAIS. — ESQUIMAUX. — LAPONS. — PEAUX-ROUGES. — AZTÈQUES. — INCAS. — PEUPLADES DE L'AFRIQUE.

Cette partie du programme que s'était tracé l'artiste était peut-être la plus vaste et la plus originale, mais aussi la plus ingrate. La plupart, en effet, de ces agglomérations, appartenant à la race jaune, qui ont dû jouer un rôle important dans l'humanité, mais qui semblent avoir mis un soin jaloux à emporter, dans leur effondrement, les documents sur leur passé, n'ont laissé derrière elles ni tradition ni histoire.

Les difficultés de ce genre ne se sont, toutefois, pas présentées pour le Japon ni pour la Chine, encore debout, vivaces et puissants.

Pour le premier de ces deux pays — très ouvert et vraiment sympathique à l'activité moderne — les renseignements abondent. La maison (28), d'une élégance sobre, rend non seulement l'esprit de l'art japonais, mais explique même l'existence de cet heureux peuple qui vivait, récemment encore, comme dans des lanternes, sans craindre ni les regards indiscrets ni les malfaiteurs. Les usages occidentaux ont changé tout cela, et ce souvenir coloré d'une architecture dont la formule doit être fort ancienne est en train de s'effacer. On remplacera bientôt, à Yeddo et à Yokoama, ces antiques et mignonnes constructions par d'abominables bâtisses semblables à celles de l'avenue de l'Opéra ou de la rue de Rivoli. Pauvre Japon !

La Chine, elle, mystérieuse et ombrageuse, résiste encore à la civilisation européenne qui bat en brèche ses murailles de porcelaine. Elle conserve son immobilité, image pour elle du bonheur parfait, et contemple, avec un mépris non déguisé, la danse de Saint-Guy dont nous sommes atteints. La maison avoisinant celle du Japon (30) est telle qu'elle était au XIV⁰ siècle, telle qu'elle

3

existe en 1889, et telle qu'elle sera vraisemblablement au xxᵉ siècle. Nous revoyons ces toits retroussés, cette charpente capricieuse, ces portiques ajourés, ces sculptures grimaçantes, ces animaux fantastiques, dans toutes les manifestations artistiques de la Chine, dans les albums et dans les bronzes, dans les broderies et sur les porcelaines. Et pourtant — ce qui prouve combien est implacable la loi auguste du transformisme des choses et de l'évolution cérébrale des êtres — en exécutant éternellement les mêmes formes, en tournant continuellement dans le même cercle, en ressassant sempiternellement

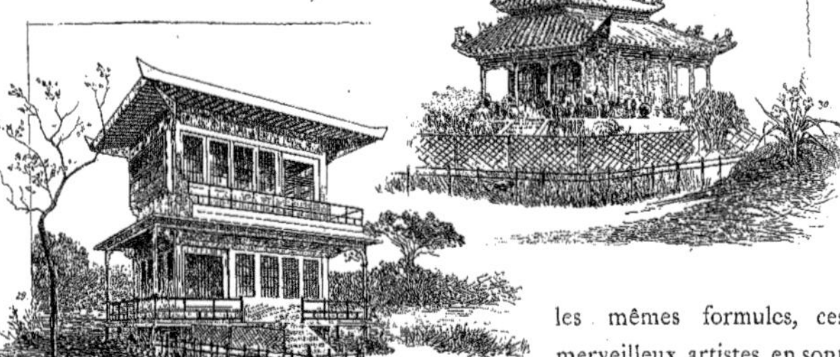

les mêmes formules, ces merveilleux artistes en sont atrophiés et, petit à petit, ont perdu la vibrante exécution, pleine d'émotion devant la nature, dont ils avaient le secret. Peintres, sculpteurs, architectes ne sont plus aujourd'hui que des virtuoses habiles, sans personnalité et sans grandeur.

Nous nous heurtons contre une immobilité semblable chez les Lapons (30) et les Esquimaux (31), pauvres peuplades éternellement primitives qui, depuis des siècles, construisent de la même manière leurs habitations d'été — avec des peaux de rennes — et leurs abris d'hiver — dans des blocs de glace.

Cette inertie endormie et nonchalante se retrouve dans un climat diamétralement opposé. La chaleur de l'Afrique équatoriale amène des résultats identiques avec ceux que le froid produit au pôle nord. L'un et l'autre engourdissent et ankylosent les facultés intellectuelles de l'homme. Les cabanes (32) choisies par M. Garnier, parmi celles des innombrables tribus nègres qui habitent ces contrées brûlées par un soleil implacable, ont, de tout temps, présenté les mêmes formes et les mêmes proportions, et ont toujours été construites avec les mêmes matériaux.

La hutte des Peaux-Rouges (34) est la reconstitution de celles qui existaient lors de la découverte du nouveau monde par Christophe Colomb. Elle n'est guère moins rudimentaire que ses voisines, quoique les lames fichées en terre qui l'entourent et les trophées qui y sont suspendus laissent entrevoir une lueur de recherche décorative, une vague intention d'ornementation.

La demeure des Aztèques (35) et celle des Incas (36), qui terminent l'attachant voyage dans le passé offert aux visiteurs de l'Exposition universelle, reviennent à l'architecture proprement dite. Nous retrouvons l'application de théories arrêtées, une sorte de grammaire du constructeur et de l'artiste, des lignes étudiées, des corniches et des entablements conçus d'après des règles établies, la recherche des axes, la préoccupation de la silhouette et mille autres détails prouvant que le créateur était tourmenté de ce besoin indéfinissable qu'on appelle l'idéal, et animé du désir de traduire, dans une extériorité agréable, les nécessités imposées par le climat, les besoins, les mœurs, les idées, les croyances et les matériaux du pays.

Cette étroite union du rationaliste et de l'artiste, de l'ingénieur et de l'architecte, on la reconnaît d'ailleurs partout et toujours, aussi bien dans l'antre sauvage de l'homme préhistorique que dans l'élégante résidence du mignon Henri III. Pas d'exceptions à cette règle immuable. Chacun a parlé — logiquement et sincèrement — la langue de son temps et du sol où il est né, sans s'inquiéter de ce que construisait le voisin, sans copier servilement les vestiges d'un passé mort. N'y a-t-il pas là une éloquente leçon pour notre génération? L'heure de la délivrance ne va-t-elle pas sonner pour l'architecture contemporaine? Ne renoncerons-nous pas à rester hypnotisés devant les ruines de la Grèce et de l'Italie? N'allons-nous pas reprendre notre marche en avant? Espérons que la révolution dans l'art de construire dont l'Exposition universelle a été le point de départ magnifique, s'accentuera dans un sens indépendant et pratique; espérons qu'en modifiant, par des données rationnelles, l'éducation étroite et stérile de l'École des beaux-arts, l'architecte, reprenant la place qui lui est due, redeviendra le *maistre* de l'œuvre, comme autrefois quand il élevait des cathédrales et jetait des ponts, quand il construisait des châteaux et fortifiait des places de guerre, quand il décorait des maisons de ville et bâtissait des aqueducs.

Le poète dont le génie enfanta le Mont-Saint-Michel ne valait-il pas, comme praticien, le plus fort des ingénieurs modernes? Que la jeunesse détourne donc les yeux du passé, quelque majestueux qu'il soit, et qu'elle aille vaillamment en avant, qu'elle jette à l'égout des traditions décrépites et rongées des vers, et que, confiante en elle-même, elle marche vers le progrès qui féconde les talents et engendre les chefs-d'œuvre.

FRANTZ JOURDAIN.

TABLE DES PLANCHES

Maison égyptienne : façade principale . . . . I.

A. Maison égyptienne : façade postérieure. . . . . II.

B. Habitation des Pelasges . . . . II.

Maison assyrienne . . . . III.

Maison phénicienne . . . . IV.

Maison des Hébreux . . . . V.

Maison étrusque. . . . . VI.

Maison indoue. . . . . VII.

Maison perse . . . . VIII.

Maison grecque . . . . IX.

Maison romaine-italienne . . . . X.

Maison gallo-romaine. . . . . XI.

Maison scandinave . . . . XII.

Maison romane, du Moyen Age et de la Renaissance. . . . . XIII.

Maison de la Renaissance, vue perspective . . . . XIV.

Maison byzantine. . . . . XV.

Maison slave. . . . . XVI.

Maison russe. . . . . XVII.

Maison arabe . . . . XVIII.

A. Habitation du Soudan . . . . XIX.

B. Maison japonaise . . . . XIX.

Maison chinoise . . . . XX.

Habitation des Aztèques : vue perspective . . . . XXI.

Habitation des Aztèques : façade principale . . . . XXII.

Habitation des Incas . . . . XXIII.

Maison Quantin, Imprimeur
7, S. Benoît, 7, à Paris

ajourée, et la toiture, qui n'a à craindre ni la neige, ni les pluies persistantes des
climats du Nord, est une terrasse où le propriétaire, abrité par un velum pourpré,
peut apercevoir ses galères, cinglant vers la pleine mer, emporter en Asie et en
Europe les riches cargaisons dont leurs flancs sont chargés.

La maison phénicienne nous montre une race industrieuse, mercantile, jouis-
seuse, sceptique, vivant en dehors et dépensant, sans compter, l'or que son activité, son intelligence et son audace savent tirer du monde entier. La demeure des
Hébreux (9), qui lui est mitoyenne, offre avec
elle un contraste frappant. L'existence se passe

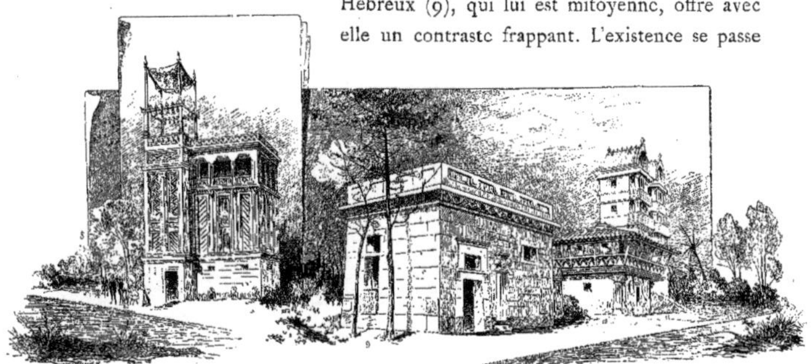

silencieuse et grave entre ces murs, dont aucune peinture, aucun ornement frivole,
ne tentent de troubler la rigidité froide. Un escalier extérieur, aux marches
raides, conduit à l'étage supérieur et à la terrasse qui indique, ici aussi,
l'implacabilité des midis torrides et la lourdeur suffocante des nuits qu'aucun
souffle ne rafraîchit. Sur cette terrasse, entourée d'un massif parapet, l'habitant
vient non seulement chercher un peu de repos après les fatigues du jour, mais
aussi s'humilier, en tremblant, devant le Dieu vengeur de la Bible, le Dieu qui a
délivré Israël de la captivité, mais dont la main s'appesantit, lourdement quand
il le faut, sur son peuple ingrat et révolté.

Avant de faire un pas de plus dans l'histoire de l'humanité, M. Garnier,
qui a évoqué pour nous les souvenirs de l'antique Égypte et de la patriarcale
Asie, nous transporte en Europe, à des époques à peu près correspondantes,
et fait sortir de terre l'habitation des Pélasges — environ quinze cents ans
avant Jésus-Christ — et la maison étrusque (10), vers l'an 1000 avant Jésus-
Christ.

Dans ces deux constructions, un détail fort caractéristique frappe tout d'abord le passant : la terrasse qui couronnait invariablement les différents types que nous venons d'étudier est remplacée par une toiture plus ou moins en pente. Le climat n'étant plus le même, le constructeur emploie rationnellement d'autres procédés. Chez les Pélasges, le toit, composé de troncs d'arbres non équarris et serrés les uns contre les autres, est supporté par des murailles faites de pierres brutes montées à sec. Chez les Étrusques, il est couvert en tuiles et forme auvent, afin de protéger le balcon qui règne en encorbellement tout autour du premier étage.

Cette maison, qui possède un charme

réel et des proportions heureuses, laisse deviner la direction d'un architecte et la conception d'un artiste. Au rez-de-chaussée, la porte évasée, les crossettes retombantes, les pilastres cannelés accusant l'about des murs, les volutes des chapiteaux, présentent des particularités bien intéressantes. Il y a là une affinité évidente avec l'art égyptien et surtout avec l'art grec. Mais le point de jonction reste encore à trouver, malgré les patientes recherches de Niebuhr qui, en somme, ne tranche pas la question. Sont-ce les Athéniens qui se sont inspirés des Tyrrhènes avec lesquels ils se trouvaient, par leur commerce, constamment en rapport? ou sont-ce les Étrusques qui ont emprunté aux habitants du Péloponèse quelques formules architecturales? L'obscurité dans laquelle est restée l'histoire des Toscans primitifs est malheureusement si complète qu'il est impossible de répondre affirmativement ou négativement. En tout cas, les premiers habitants de l'Italie ont laissé derrière eux des œuvres d'une si impérissable beauté, qu'on a le droit de les considérer, sous beaucoup de rapports, comme les rivaux des Grecs, qui leur sont peut-être redevables de la flamme créatrice de leur génie.

Pendant que les Chamites et les Sémites occupaient une partie du globe de l'éclat d'une civilisation dont ils jouissaient d'ailleurs en égoïstes, la famille aryenne, établie sur les plateaux compris entre la mer Caspienne et l'Himalaya, vivait obscurément et assez misérablement. Quinze cents ans avant Jésus-Christ, commencèrent seulement les migrations successives inaugurant la mission bienfaisante de cette illustre race. Ses instincts généreux, ses qualités exceptionnelles, ses efforts énergiques aidèrent puissamment à l'éclosion intellectuelle de l'humanité et enfantèrent des civilisations dont l'influence pèse encore sur nos sociétés modernes.

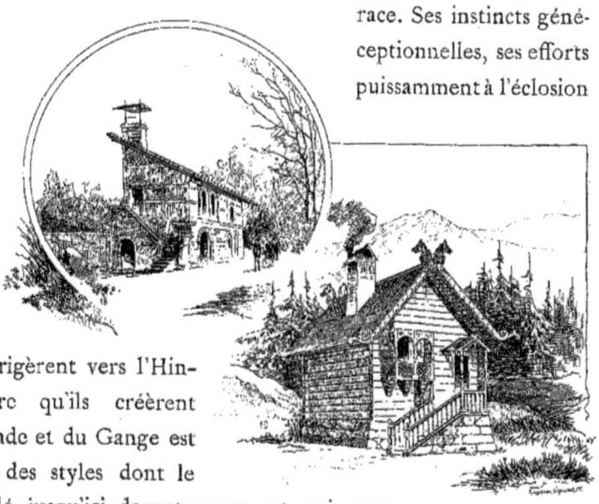

Les premiers émigrants aryas se dirigèrent vers l'Hindoustan. L'architecture qu'ils créèrent dans les vallées de l'Inde et du Gange est absolument différente des styles dont le panorama s'est déroulé jusqu'ici devant nous, et qui sont reliés entre eux par mille caractéristiques communes. La maison hindoue (11), qui représente un art déjà avancé, procède de formules non encore vues; ainsi, nous apercevons, pour la première fois, la ligne courbe qui mouvemente la silhouette de la toiture et donne au monument un aspect plus capricieux et plus inattendu. La composition de l'œuvre est d'ailleurs moins simple, moins scolastique, et l'on sent que l'on se trouve dans un pays où le rêve, les envolées de la chimère, le fabuleux et le fantastique se mêlent étroitement à la réalité.

La demeure persane (12), elle aussi, présente une importante innovation : la coupole, forme ignorée des Chamites et des Sémites, qui employaient uniquement la plate-bande. Cette charmante construction, dont les briques, émaillées d'un joli ton rose pâle et bleu vert, miroitent coquettement au soleil, a été dessinée d'après les récentes découvertes de M. et Mᵐᵉ Dieulafoy qui, par leurs fouilles patientes, ont rendu de si importants services et à l'archéologie et à l'ethnographie.

Non loin de là, l'habitation germaine (13), hissée sur de solides poteaux, faite de madriers mal équarris, recouverte de paille, naïvement balafrée de couleurs criardes, prouve que ceux des Aryas qui, abandonnant le berceau de leurs

pères, pour sc diriger vers l'Europe, restèrent à l'état barbare beaucoup plus longtemps que leurs frères d'Asie.

Nos aïeux directs, les Gaulois, nc semblent pas être plus avancés dans la civilisation. Leur cabane (14) dont on a percé la toiture afin de laisser passer la fumée,
est bâtie avec du bois, des pierres et une espèce dc torchis mal préparé, qui
rappellent les rudimentaires moyens dc construction des sauvages. L'amour des
arts ct la recherche du beau ne devaient pas souvent hanter le cerveau de
ces mâles, dont l'unique occupation était la chasse et la guerre.

Par un contraste assez piquant, nous arrivons d'un coup, avec la Grèce, à
l'apogée du génie humain dans l'antiquité. Un petit chef-d'œuvre de grâce intime
et de proportions exquises que cette maison du temps dc Périclès (15) où le
moindre arrangement, le plus insignifiant détail décèlent un goût sûr et fin.
Rien d'outré, rien d'ampoulé, rien de prétentieux, rien de pédant dans cette
architecture dont la riante polychromic relève la sérénité des masses et dont
l'ornementation, — d'une simplicité pleine d'abandon, — jette sur l'ensemble
un indéfinissable parfum de poésie.

La demeure romaine (16), quoique fortement inspirée du grec, puisqu'elle
reproduit une villa de Pompéi, ne renferme pas les mêmes qualités de distinction
affinée. La porte est trop ambitieuse pour une construction privée et les
peintures sont trop détaillées pour être vues au plein air ; mais quelle perfection
dans la résurrection d'une époque à jamais disparue ! La boutique ouverte aux pas-
sants, la cour intérieure qu'entoure un portique, *l'impluvium*, les appartements du
maître au rez-de-chaussée, l'installation des esclaves sous les toits, et surtout les
naturalistes et amusantes inscriptions qui couvrent les murailles, tout cela conserve une saveur extraordinaire et une intensité de vérité vraiment saisissante.

Mais la fin des sociétés anciennes a sonné. L'épée des barbares trace brutalement dans l'air un éclair qui sera le signal de l'effondrement d'une prospérité fastueuse et décadente. Les temples, les palais, les cités s'écroulent sous la chevauchée dévastatrice des invasions qui passent furieuses, ne voulant, pour éclairer le monde qui se désagrège, que les lueurs de l'incendie.

Le chariot que l'on voit, au quai d'Orsay (17), est la maison des Huns. C'est dans ces solides véhicules que les hordes nomades — toujours en selle, toujours en guerre — traînaient femmes, enfants et butin.

Aussitôt que le ciel s'éclaircit, que la tourmente s'apaise, l'homme revient au travail et cherche à relever les ruines. Il faut se hâter si l'on ne veut pas, comme les aïeux primitifs, mourir de froid à la belle étoile. Malheureusement, le désastre a été si terrible que les matériaux neufs manquent et que les hommes de l'art ont disparu. Bah! cette fois encore, on fera de la vie avec la mort. Et l'on se met à bâtir en employant au hasard les restes des édifices somptueux qui jonchent le sol. La maison gallo-romaine (18), contemporaine de Clovis, maison dont un entablement romain, finement fouillé, sert d'assise d'angle à une modeste construction de briques, présente, sous un jour aussi original que sincère, l'époque de transition où l'homme, sorti vivant d'une effroyable crise, se souciait peu de l'extériorité plus ou moins recherchée de sa demeure, et pensait uniquement à utiliser, d'une façon pratique, les vestiges des monuments qui se trouvaient sous sa main.

La maison scandinave (19), dont la rusticité pittoresque ne manque pas de caractère, sera comme le dernier souvenir des invasions barbares. Le calme et le repos dont peut enfin jouir l'Occident vont être mis à profit par l'humanité pour revenir aux arts. Une formidable poussée de sève fait sortir les chefs-d'œuvre du sol, et la France principalement entre dans une des plus admirables phases de son histoire architecturale.

Nous voici, en effet, parvenus devant les types les plus séduisants du musée de M. Garnier. Sans chauvinisme et en toute équité, il faut bien, en effet, reconnaître que nous arrivons bons premiers dans ce handicap d'un nouveau genre.

Les documents n'ont pas manqué, car notre patrie regorge de ces merveilleux monuments qu'un classicisme étroit nous ordonne niaisement de dédaigner, que notre œil de touriste indifférent ne regarde même pas, et qui causeraient pourtant l'orgueil de certaines nations dont les Guides vantent, en phrases dithyrambiques, les plus assommantes platitudes. Les Parisiens, qui possèdent sur le bout du doigt leur Italie, mais qui n'ont pas trouvé le temps de pousser jusqu'à Rouen, Orléans, Bourges ou Blois, trouveront dans les maisons romane, gothique et Renaissance, des spécimens adorables, qui pourront leur servir de critérium pour se former un goût en architecture.

Dans la première des trois, la maison romane (20), qui fait revivre le x° siècle, on retrouve encore l'influence gallo-romaine. Les assises entremêlées de pierre et de brique, le plein cintre d'une des baies, l'appareillage de la frise, prouvent que le Français tâtonne et cherche sa voie, quoique le large porche préservant des boutades de l'hiver, le balcon en bois, le toit en pente, la lucarne, l'épi de faïence planté bravement de côté, les souches de cheminée et je ne sais quelle impression d'indépendance rationnelle, indiquent nettement la volonté de trouver un style personnel.

Avec son pignon pointu, sa charpente apparente, son pittoresque pan de bois, son étage en encorbellement, ses vitraux, son rez-de-chaussée percé d'une vaste baie ogivale et d'une petite porte précisant bien l'indifférence professée alors pour l'inutile symétrie qui jette dans le même moule nos constructions modernes, l'habitation moyen âge (21) reproduit un des types les plus répandus de la demeure bourgeoise, en France, à la fin du xiii° siècle. Aucune sculpture, aucune ornementation, aucun luxe, aucun apparat, mais quel art dans cette adorable simplicité, dans cet ensemble plein de bon sens et de goût d'où semblent s'épanouir les anciennes et précieuses qualités de la vieille race gauloise!

La maison Renaissance (22), plus riche, plus raffinée, mais d'une grâce tout aussi charmeresse et d'un imprévu tout aussi capiteux, apporte l'écho joyeux et fidèle d'un siècle où la vie n'était qu'une longue fête pleine de chansons, de rires, de folles ivresses, uniquement vouée à l'amour de la femme et au culte des arts.

La demeure byzantine (23) nous ramène en arrière sous tous les rapports. L'ensemble en est trapu, comme tassé sur lui-même; le style en est indécis,

hésitant entre l'influence grecque et romaine; la sculpture est inhabile, la mouluration lourde. Ces massives assises de pierre, ce portique écrasé, ce balcon dont la balustrade a l'air d'être composée avec des devants d'autels, et des ex-voto mystiques, sont comme imprégnés d'un parfum troublant, où s'amalgameraient les souvenirs de la cathédrale et du mauvais lieu, parfum qui caractérise d'une façon si frappante le règne de Justinien et de la courtisane Théodora, impératrice d'Orient.

L'agreste cahute slave (24), qui remonte au XIIIe siècle, ne nous donne pas une idée bien flatteuse des architectes de l'Europe orientale du temps; elle ne laisse apercevoir aucun lien avec la civilisation passablement anémiée et gangrenée de Constantinople.

La maison russe (25), au contraire, dissimule mal sa parenté avec le style byzantin, dont elle a su toutefois se dégager assez pour se façonner une personnalité puisée, en grande partie, dans ses matériaux de construction. Le bois, très adroitement travaillé, dont elle est presque exclusivement bâtie, la pare d'un cachet tout spécial.

Au Champ de Mars, la maison du vainqueur touche celle du vaincu : l'Arabe, fils du Prophète, coudoie le Byzantin, adorateur du Christ. Le poétique spécimen de l'architecture mauresque (26), dont M. Garnier a scrupuleuseusement reproduit la romantique silhouette, les fines arabesques, le joli arrangement de plan, les délicats enchevêtrements des moucharabiehs, la décorative polychromie, jettera des doutes sur l'authenticité de la légende, présentant le peuple arabe, — si sottement méconnu, si injustement calomnié, — comme une horde de sauvages. Si le cimeterre de ces vaillants conquérants a tracé de sanglants sillons, il est équitable de reconnaître que leur amour pour les sciences, leur passion éclairée pour les arts, les a magnifiquement fécondés, ces sillons, et que bien des nations civilisées vivent encore des restes de ces pseudo-barbares.

Il n'y a pas là une question de religion, mais de race, car la maison soudanaise (27), œuvre d'un peuple également soumis aux lois de Mahomet, ne procure pas la moindre impression artistique. Ces murs sans ouvertures, ces gros contreforts, cette encombrante corniche, cette ornementation enfantine, sortent évidemment de cerveaux inférieurs, respectueux de traditions séculaires, et ankylosés par une scolastique autoritaire.

HISTOIRE

DE

L'HABITATION HUMAINE

L'Architecture a écrit l'histoire de l'humanité en caractères indélébiles.

Quand, parfois, l'homme mentait et cherchait à tromper les races futures par des récits cauteleusement erronés, quand il falsifiait les faits, fardait ses vices, exaltait ses conquêtes, se parait de vertus imaginaires, inventait des héros, créait des dieux, déguisait son tempérament, ses goûts, ses tendances, ses idées, ses croyances, ses mœurs, ses besoins, elle, de sa voix hautaine, rétablissait la vérité et divulguait au penseur les secrets les plus intimes d'une génération. Il n'existe pas de livre plus attachant, dans sa sincérité sereine, que ces poèmes de pierre, de granit et de marbre, ou que ces humbles constructions en torchis qui racontent les efforts de l'homme, sa faiblesse et sa puissance, ses souffrances et ses joies, ses défaites et ses triomphes, ses erreurs et ses grandeurs.

Combien il est touchant, le premier effort de l'ancêtre qui cherche à se préserver des colères de la nature — cette dure marâtre — en se cachant dans une fente de rocher, en s'abritant sous des branches reliées entre elles, en se creusant un gîte dans la terre ! Pauvre déshérité aux muscles d'acier et au cerveau d'enfant, qui se sent mille fois plus misérable que la bête dont il ne possède pas l'instinct ! Livré nu aux rayons du soleil qui lui cuit la chair, à la neige qui lui mord le corps, aux ronces qui lui déchirent la peau, sans défense contre les fauves qui le guettent, petit, humble, farouche, il tâtonne longtemps, timidement, avant de construire l'abri où il pourra mettre en sûreté sa femelle et ses petits.

Mais la brute devient homme, l'intelligence s'éveille et, bientôt, une gestation mystérieuse s'opère : la grotte humide et sombre est abandonnée, la cahute s'agrandit et se transforme ; un inconscient besoin de bien-être modifie les formes, assouplit les matériaux, utilise des éléments nouveaux, découvre aux choses des propriétés ignorées, invente des moyens de construction inconnus, asservit la matière. Voilà l'ingénieur qui apparaît : il prend à la nature, maintenant vaincue et soumise, les premières règles de l'art de bâtir, il la consulte et la copie. Puis la pensée s'élargit, la vision se sensibilise, le goût s'affine : en pleine possession de ses forces, le pygmée humilié des âges primitifs se redresse; dans un élan de viril orgueil, comme Dieu, il veut faire œuvre de créateur, et l'artiste jette la poudre d'or de son génie sur les aménagements brutalement et strictement pratiques imposés par les nécessités de l'existence. L'homme ne se contente plus de narguer l'hostilité des éléments, d'avoir chaud l'hiver et frais l'été dans les habitations que son ingéniosité a construites, une soif toujours inextinguible le dévore maintenant : il est harcelé du désir d'améliorer, d'embellir, d'orner la maison dans laquelle sa vie va dorénavant s'écouler, puisque le nomade, constamment en marche, s'est enfin fixé, que l'individualisme isolé a cédé la place à la société organisée et que le mot de patrie va formuler une idée.

Tout entière, l'humanité s'attelle à l'ouvrage. Chaque pays précise ses besoins, chaque génération modifie l'œuvre commencée, chaque peuple s'assimile les documents patiemment entassés par l'aïeul et le voisin, chacun exprime ses idées avec les matériaux qu'il a sous la main, la terre, la pierre, le marbre, le fer et le bois. La chaîne se rive et s'allonge ; un cycle, un siècle, une année, une heure, forgent un anneau nouveau, enlacent le passé au présent, pétrissent de la vie avec la poussière des morts, et relient les maladroits essais du bâtisseur instinctif aux géniales créations de l'architecte.

C'est cette histoire, l'histoire de l'Habitation humaine, que M. Charles Garnier a retracée au Champ de Mars histoire vivante où l'homme divulgue lui-même les mystères de son intimité, montre l'évolution des êtres et des choses, et explique la lente mais irréfragable marche en avant de l'humanité à travers les âges.

Qu'on n'aille pas ergoter sur le plus ou moins d'authenticité de certains morceaux, sur la probabilité de certaines colorations, sur la justesse de certains arrangements, sur l'impeccabilité de certaines restaurations ; on perdrait son temps. L'architecte de l'Opéra, dont l'esprit pourrait être coté à la Bourse comme « valeur de père de famille », n'a pas eu la prétention de créer de toutes pièces, et en moins de deux ans, une œuvre qui aurait absorbé, à elle seule, la vie de plusieurs archéologues. Afin d'éviter des attaques plus ou moins fondées, il eût fallu se lancer dans des études longues et coûteuses dont le succès final était en outre passablement incertain. Or le budget mis à la disposition de M. Charles Garnier était aussi court que le temps dont il disposait pour préparer et exécuter la série d'habitations à présenter au public. Il s'est contenté de brosser de verve une suite d'esquisses rigoureusement exactes là où il a trouvé des documents, et fort... vraisemblables là où il a été obligé de procéder par déduction et analogie.

Il était impossible d'exiger davantage. Car, en dehors des temps historiques, si les vestiges des temples, des palais, des résidences seigneuriales, des forteresses, sont extrêmement rares, les renseignements disparaissent presque totalement pour les habitations privées, qui, légèrement construites, ont été balayées par le temps ou détruites par les guerres, les révolutions et les invasions.

Le curieux travail de M. Garnier se divise en trois parties. Cette division, quelque peu arbitraire, n'est pas rigoureusement scientifique et semble discutable au point de vue critique ; mais elle est vulgarisatrice et présente l'avantage d'apporter une méthode commode propre à faciliter une description rapide et claire.

PREMIÈRE PARTIE. — *Habitations de la période préhistorique.*

DEUXIÈME PARTIE. — *Habitations de la période historique.*

TROISIÈME PARTIE. — *Habitations contemporaines des civilisations primitives ; peuples qui ont vécu en dehors du mouvement général de l'humanité sur laquelle ils n'ont exercé aucune influence.*

PREMIÈRE PARTIE

PÉRIODE PRÉHISTORIQUE

Abris naturels : En plein air. — Sous bois. — Sous roches. — Dans les grottes.
Abris artificiels : Sur l'eau. — Sur terre.

Les origines de l'humanité sont encore à trouver.

La manière de comprendre le mot : *espèces,* est le point capital des discussions dans le conflit des opinions existant entre les naturalistes au sujet de la création et de l'évolution. Depuis quelques années surtout, une science nouvelle a bouleversé des théories vagues, spéculatives et sentimentales, qui ne s'appuyaient que sur des données fausses ou mal comprises. Rejetant tout ce qui n'était pas basé sur des preuves matérielles, des expériences indiscutables — l'évidence en un mot — enregistrant les précieux documents fournis par la géologie, la zoologie, l'ostéogénie, la géogénie, l'anthropologie et la physiologie, un penseur comme Bain, un savant comme Hœckel, un philosophe de génie comme Spencer, ont repris, continué et complété l'œuvre admirable patiemment ébauchée par Kant, Lamarck, Darwin, Agassiz, Claude Bernard et Littré. Si les conquêtes acquises sont considérables, si la biologie, presque en enfance au commencement du siècle, a atteint aujourd'hui un développement inespéré, il n'en est pas moins vrai que la nature n'a pas encore livré tous ses secrets et que la création des organismes reste entourée de brumeuses incertitudes.

Quel a été l'antre, la bauge du premier être humain ? Où se dissimulait cet animal débile, jouet des éléments, brute à peine consciente, qui disputait sa vie aux ennemis sans nombres — inanimés et vivants — guettant cette proie facile ?

Peu de besoins, pas d'imagination, à peine d'efforts. Des arbres ramenés l'un contre l'autre formèrent le premier abri de nos ancêtres. Puis voici la tente, de forme logiquement conique, composée de branches cassées, grossièrement reliées entre elles et recouvertes d'écorces ou de feuilles sèches (1);

voilà la tente circulaire, déjà moins rudimentaire, avec un toit et une ouver-
ture pratiquée dans le
clayonnage.

Après les dernières
convulsions du globe,
c'est dans les rochers
que, d'instinct, l'homme
alla chercher un asile (2).
Le nomade, errant à
l'aventure et fuyant les
dangers qui l'enserraient
de toutes parts, arrêta
enfin sa marche affolée.
Jouissant d'une sécurité

relative, il eut la pensée d'améliorer son sort. Le troglodyte modifia son
enfantin outillage et, substituant la pierre polie à la pierre éclatée, il put se
mettre à travailler le bois.

Mieux armé, plus propre à la résistance, plus sûr de lui, l'homme s'enhardit.
Il ose abandonner les cavernes humides et sombres où il végète tristement. Le
terrien qui habite dans le voisinage d'un lac, d'un marais, d'une rivière, a l'ingé-
nieuse idée d'employer l'eau pour sa défense. Il plante des pilotis, et dessus, assoit
sa demeure, reliée au sol par un pont léger qu'un seul effort enlèvera, en cas de

danger (3). La mort qui rôde
n'est plus désormais une cause
de terreur constante. Et puis
le déshérité vit maintenant au
plein air, au soleil, ce mo-
teur de la pensée; le
cerveau reprend sa li-
berté et fonctionne
normalement.

Grâce au métal,
puissant adjuvant de
cette civilisation em-
bryonnaire, l'habitation se modifie, un élément nouveau — la pierre — entre
dans la construction. Des blocs de granit bruts supportent une charpente en

grume tapissée de chaume (4), ou, parfois, de larges dalles arrachées aux rochers voisins.

Un des spécimens les plus typiques de l'habitation à cette époque est la reconstitution faite par M. Garnier, près de la cité lacustre, d'après un modèle en terre cuite découvert en fouillant les laves que recouvre le lac d'Albano, lac qui était le cratère d'un volcan (5). L'authenticité de ce précieux document, évidemment préhistorique, est indiscutable et ouvre un jour nouveau sur les bégayements de la civilisation. Une autre cabane, probablement contemporaine de celle-là, mais empruntée à l'Auvergne, construite en torchis, à moitié enfouie dans le sol, présente un curieux essai d'architecture primitive.

Mais les races se divisent, les agglomérations se forment, les mœurs se codifient, les caractères s'accentuent, les particularismes se dessinent, les troupeaux deviennent sociétés, et l'histoire commence.

DEUXIÈME PARTIE

PÉRIODE HISTORIQUE

Civilisations primitives : ÉGYPTIENS. — ASSYRIENS. — PHÉNICIENS. — HÉBREUX. — PÉLASGES. — ÉTRUSQUES.
Civilisations nées des invasions des Aryas : HINDOUS. — PERSANS. — GERMAINS. — GAULOIS. — GRECS. — ROMAINS.
Civilisations nées des invasions barbares : HUNS. — GALLO-ROMAINS. — SCANDINAVES. — ÉPOQUES ROMANE, GOTHIQUE ET RENAISSANCE.

La race blanche, qu'on a divisée en Chamites, Sémites et Japhétites ou Aryas, a joué un rôle prépondérant dans la civilisation. Au point de vue purement artistique, — sans parler des Aryas dont nous descendons directement, — l'omnipotence des deux premiers groupes a été tellement considérable qu'en plein xixᵉ siècle nous subissons, d'une façon détournée, latente mais indéniable, l'influence léguée par une tradition que le temps n'a pas effacée, qu'aucun cataclysme politique, religieux ni social n'a été capable de détruire. La cendre de tant de générations, accumulée entre nous et le passé, n'a pu, par exemple, dissimuler à nos yeux la grandeur tyranniquement dominatrice de l'art égyptien où la Grèce a été puiser ses premières inspirations et dont elle s'est assimilé la substance intime.

La maison du temps de Sésostris, — quatorze cents ans avant Jésus-Christ (6), — donne une impression assez juste de la brillante civilisation qui battait son plein sous Ramsès II, et que de puériles légendes ont longtemps défigurée. Comme dans toutes les habitations élevées aux pays chauds, les murs sont parcimonieusement percés de baies, afin de garder une agréable fraîcheur dans les pièces, en empêchant l'intrusion des rayons du soleil. Par un surcroît de raffinement, le petit édifice se termine par une terrasse, sorte d'élégante loggia où l'on respirait à l'aise l'air pur de la nuit, en contemplant les étoiles qui se miraient dans l'eau huileuse du Nil. Des peintures voyantes et gaies ornent, du soubassement jusqu'au faîte, cette agréable résidence amoureusement choyée par quelque opulent trafiquant du Delta. En cherchant le modèle de sa restauration, M. Garnier n'a eu que l'embarras du choix, car les consciencieux et érudits travaux de Champollion, de Nicolini, de Prisses d'Avesnes et de Maspero, mettent à la portée des curieux d'inestimables documents sur l'ancienne Égypte.

Pour bâtir la demeure assyrienne qui remonte sept cents ans environ avant Jésus-Christ (7), les recherches ont été plus difficiles; quelques renseignements puisés dans Place, Thomas et Lazare, des bas-reliefs du

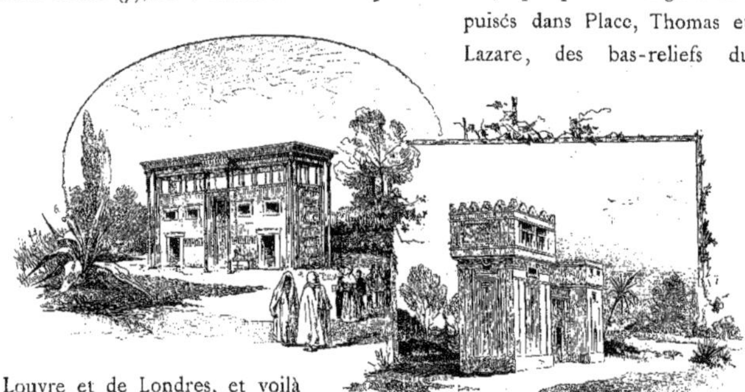

Louvre et de Londres, et voilà tout. Le spécimen de cette lourde architecture, qui ne manque pas de caractère toutefois, est seulement la réduction d'une partie de palais. Il eût été en effet impossible de reproduire — même partiellement — dans ses proportions réelles, les imposantes et immenses constructions qui couvrirent l'Assyrie sous le règne de Nabuchodonosor, constructions dont les vestiges, retrouvés dans les bassins du Tigre et de l'Euphrate, confondent l'imagination par l'outrance géante des moindres détails.

Avec l'habitation phénicienne (8), le décor change. Plus de murailles massives à peine égayées d'une décoration géométrique, plus de style moitié religieux et moitié militaire, laissant deviner un peuple écrasé sous un joug despotique, en proie à l'esprit guerrier et férocement mystique qui oblige l'artiste à baisser le front devant l'épée du soldat et la tiare du prêtre. Sur un soubassement de pierre flanqué de bornes qui indiquent le va-et-vient actif des chariots et le fourmillement démocratique et laborieux de la rue, se dresse un haut pan de bois coupé de colonnes engagées et rehaussé d'un chatoyant bariolage qui semble rire sous le ciel bleu de la Méditerranée. L'étage supérieur ouvre sur une galerie

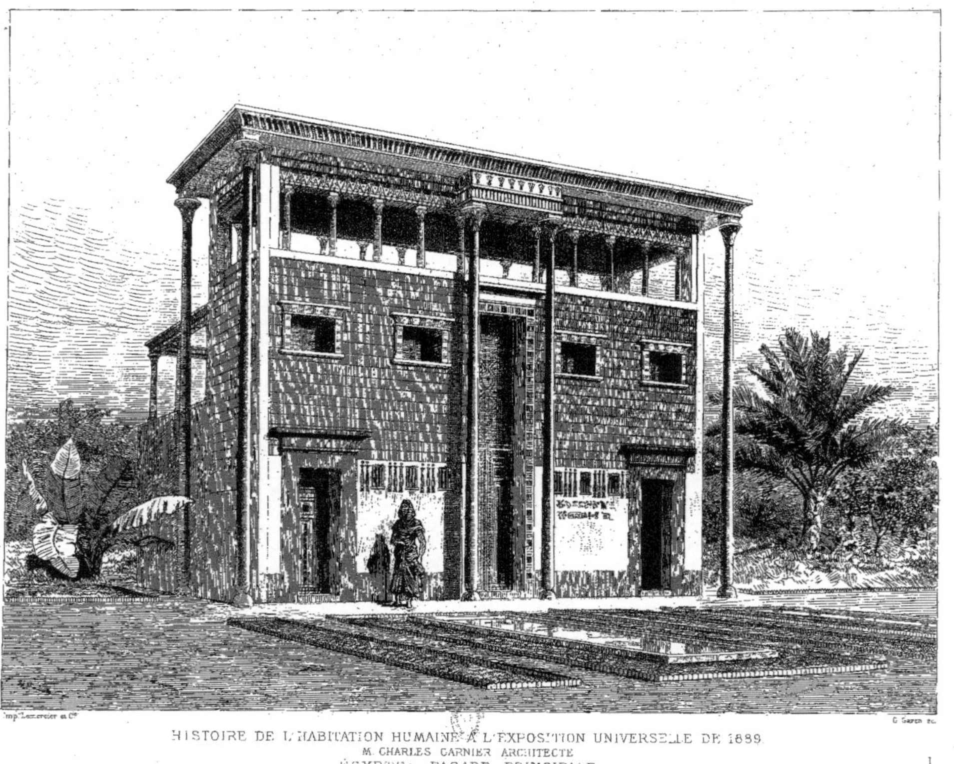

HISTOIRE DE L'HABITATION HUMAINE A L'EXPOSITION UNIVERSELLE DE 1889.
M. CHARLES GARNIER ARCHITECTE
ÉGYPTE. FAÇADE PRINCIPALE

HISTOIRE DE L'HABITATION HUMAINE À L'EXPOSITION UNIVERSELLE DE 1889
M. CHARLES GARNIER, ARCHITECTE
A. ÉGYPTE, FAÇADE POSTÉRIEURE.   B. LES PELASGES

HISTOIRE DE L'HABITATION HUMAINE A L'EXPOSITION UNIVERSELLE DE 1889
M. CHARLES GARNIER, ARCHITECTE
MAISON ASSYRIENNE

3

HISTOIRE DE L'HABITATION HUMAINE A L'EXPOSITION UNIVERSELLE DE 1889
M. CH. GARNIER ARCHITECTE.
MAISON PHÉNICIENNE

4

HISTOIRE DE L'HABITATION HUMAINE A L'EXPOSITION UNIVERSELLE DE 1889

M. CH. GARNIER ARCHITECTE

MAISON DES HEBREUX

5

HISTOIRE DE L'HABITATION HUMAINE A L'EXPOSITION UNIVERSELLE DE 1889
M. CH. GARNIER ARCHITECTE
MAISON ETRUSQUE

6

Imp Lemercier et Cie

Krieger sc.

HISTOIRE DE L'HABITATION HUMAINE A L'EXPOSITION UNIVERSELLE DE 1889.
M. CH. GARNIER ARCHITECTE
MAISON INDOUE

7

HISTOIRE DE L'HABITATION HUMAINE A L'EXPOSITION UNIVERSELLE DE 1889 : M. CH. GARNIER, ARCHITECTE.

HABITATION DES PERSES

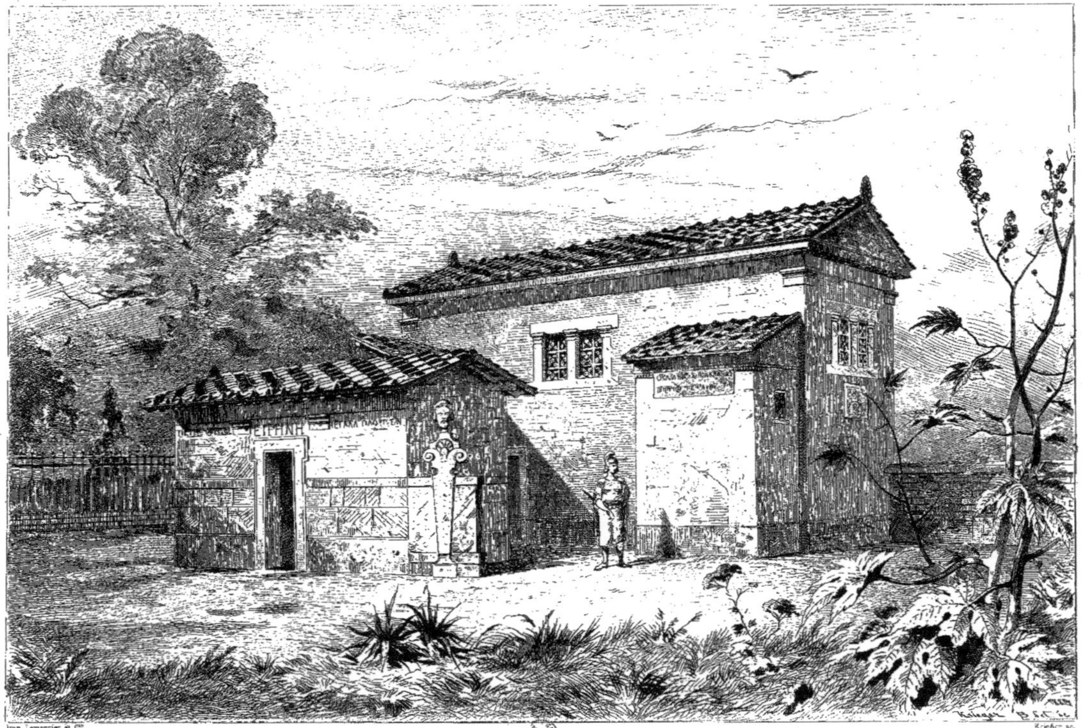

Imp. Lemercier et Cie — Krieger sc.

HISTOIRE DE L'HABITATION HUMAINE A L'EXPOSITION UNIVERSELLE DE 1889
M. CHARLES GARNIER, ARCHITECTE
MAISON GRECQUE

9

Imp Lemercier et Cie.
Knödx sc.

HISTOIRE DE L'HABITATION HUMAINE A L'EXPOSITION UNIVERSELLE DE 1889.
M. CHARLES GARNIER, ARCHITECTE.
MAISON ROMAINE ITALIENNE.

Imp. Lemercier et Cie.

G. Garnier sc.

HISTOIRE DE L'HABITATION HUMAINE A L'EXPOSITION UNIVERSELLE DE 1889
M. CH. GARNIER ARCHITECTE
MAISON BARBARE DE L'ÉPOQUE GALLO-ROMAINE

11

HISTOIRE DE L'HABITATION HUMAINE A L'EXPOSITION UNIVERSELLE DE 1889
M. CHARLES GARNIER, ARCHITECTE
MAISON SCANDINAVE.

HISTOIRE DE L'HABITATION HUMAINE A L'EXPOSITION UNIVERSELLE DE 1889.

M CHARLES GARNIER, ARCHITECTE.

MAISONS ROMANE, DU MOYEN ÂGE, ET DE LA RENAISSANCE.

13

HISTOIRE DE L'HABITATION HUMAINE A L'EXPOSITION UNIVERSELLE DE 1889.
M. CHARLES GARNIER, ARCHITECTE.
MAISON DE LA RENAISSANCE.

HISTOIRE DE L'HABITATION HUMAINE A L'EXPOSITION UNIVERSELLE DE 1889.
M. CHARLES GARNIER, ARCHITECTE.
MAISON BYZANTINE

15

HISTOIRE DE L'HABITATION HUMAINE A L'EXPOSITION UNIVERSELLE DE 1889
M. CHARLES GARNIER, ARCHITECTE
MAISON SLAVE

16

HISTOIRE DE L'HABITATION HUMAINE A L'EXPOSITION UNIVERSELLE DE 1889
M. CHARLES GARNIER, ARCHITECTE
MAISON RUSSE

HISTOIRE DE L'HABITATION HUMAINE   EXPOSITION UNIVERSELLE DE 1889
M. CHARLES GARNIER ARCHITECTE   MAISON ARABE

HISTOIRE DE L'HABITATION HUMAINE A L'EXPOSITION UNIVERSELLE DE 1889
M. CHARLES GARNIER, ARCHITECTE

HABITATION DU SOUDAN   MAISON JAPONAISE

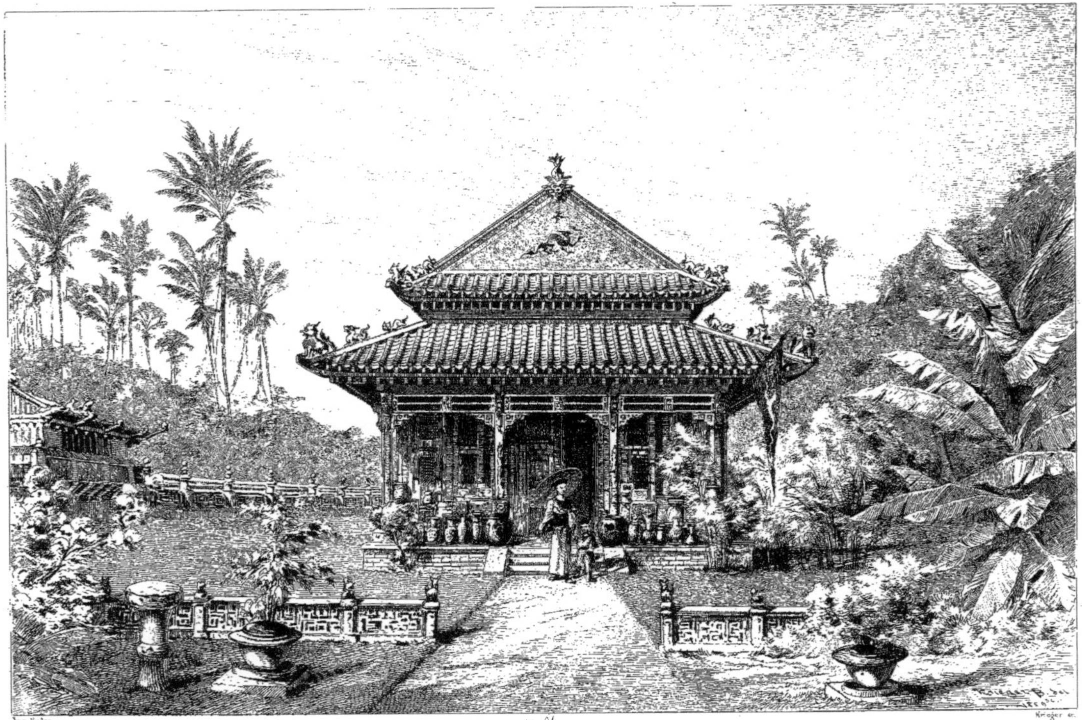

Imp. Eudes

Kröger sc.

HISTOIRE DE L'HABITATION HUMAINE À L'EXPOSITION UNIVERSELLE DE 1889

M. CHARLES GARNIER, ARCHITECTE. _ MAISON CHINOISE

HISTOIRE DE L'HABITATION HUMAINE A L'EXPOSITION UNIVERSELLE DE 1889
M. CH. GARNIER, ARCHITECTE.
HABITATION DES AZTÈQUES, VUE PERSPECTIVE.

HISTOIRE DE L'HABITATION HUMAINE A L'EXPOSITION UNIVERSELLE DE 1889
M CH. GARNIER ARCHITECTE
HABITATION DES AZTÈQUES : FAÇADE PRINCIPALE

HISTOIRE DE L'HABITATION HUMAINE A L'EXPOSITION UNIVERSELLE DE 1889
M. CHARLES GARNIER ARCHITECTE
HABITATION DES INCAS

23

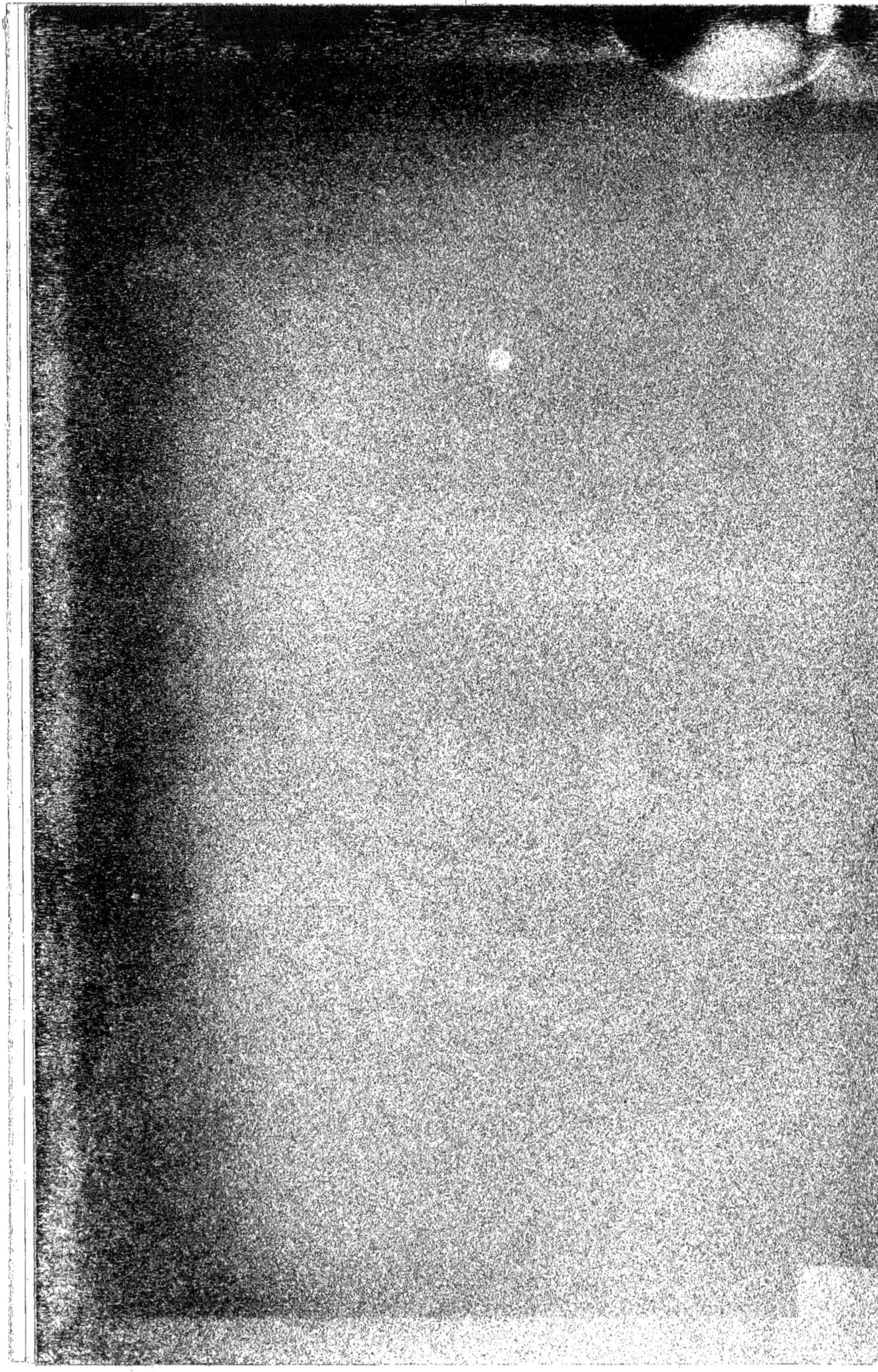